修道院のお菓子

丸山久美

はじめに

スペインに住んでいたころ、修道院のお向かいに住んでいる友人の家で、修道女がつくったというお菓子をいただいたことがありました。その日はその修道院にまつわるお祝いの日で、ご近所にお菓子がふるまわれたのです。野生の黒すぐりのジャムがのったパイの中にはカスタードクリーム。そのやさしい味は、いまでもありありと蘇ってきます。

9割以上がカトリックというお国柄ゆえ、お祭りや行事のほとんどは宗教にまつわるものです。そして、その日に食べるお祝いのお菓子があります。といっても、けっして着飾ったものではなく、姿は地味で味も素朴。それもそのはず。お菓子は遠い昔から変わらぬ姿をとどめているからです。そして、その生まれ故郷は修道院。中世のころに修道女が試行錯誤を重ねて生み出したお菓子なのです。特別なお菓子だけではありません。家庭で親しまれているお菓子の多くも、また、修道女がつくりはじめたもので、長い間、愛されつづけています。
それを知ったのはスペインに住みはじめて3年ほどたった、あの黒すぐりのパイに出会ったころからでした。そのうえ、お菓子をまだつくりつづけている修道院があり、「修道女のお菓子」と呼ばれ、大切にされているというのです。

甘いものには目がない私は、それから、旅行や遠出をするときは、「おいしいお菓子を売っている修道院はないかしら」と探すようになり、いくつものお菓子と巡り合う機会を得ました。そして、繊細で質のよいお菓子に、幾度、魅了されたことか。気がつけば、私もスペイン人のように敬意と憧れをもって、修道院のお菓子をいとおしく思っていました。

日本に戻り、時は過ぎ、はじめて修道女のお菓子と出合ってから20年以上たちました。そんないま、ふと気がつくといまだに私が一番つくっているのは修道院のお菓子。材料もシンプルでつくるのも簡単、なんといっても飽きがこない……それはまさに長い歴史の間、愛されてきた理由かもしれません。そして、最近つくづく思うのです。なによりも大切なのは愛情をこめて、つくってあげる人の幸せを祈りながらていねいにつくる、そのことにつきるのではないかと。

※レシピについての注意
レシピ中の大さじ1は15ml、小さじ1は5mlです。
いずれもすりきりです。
アーモンドはマルコナ種を使用しています。
製菓材料店で購入できますが、入手が難しい場合は、普通のアーモンドで代用可能です。

スペインの修道院について

スペインの女子修道院では、中世のころからお菓子がつくられています。そのレシピは長い間、数多くの修道女たちの手によって守られつづけてきました。

まだ、村に一台のオーブンがあるかどうか、という時代から、修道院では大きなオーブンを所有していました。そのうえ、当時はぜいたく品だった砂糖やはちみつ、小麦粉、卵なども十分に保持することができたといわれています。つくったお菓子は、感謝の贈り物としてはもちろん、行事に使われたり、王家や貴族に献上されたりすることが主でした。その味は高貴な人たちをもうならせ、価値あるものとして大切にされたそうです。

また、貴族や良家の子女たちが、修道院に入ることも少なくありませんでした。そんなときには、料理のつくれる召使いも一緒に入るものですから、修道女たちは、専門的な料理の知識を得ることもでき、研究に余念のない修道女たちの手によって、よりおいしいお菓子がつくられていったのです。

さらに、レコンキスタ(718〜1492年に行われた、キリスト教国によるイベリア半島の再征服運動)により、キリスト教に改宗したユダヤ教徒やイスラム教徒が修道院に入ったことも、その後のお菓子づくりに大きな影響を与えました。揚げ菓子、果物のお菓子、香辛料の入ったお菓子などからみても、その影響が明らかです。そんな背景のなか、吟味され、完成していったレシピは、門外不出となり、何世紀もの間、守られつづけ、その修道院で代々受け継がれてきました。また、コロンブスの航海時代も含め、世界中に布教をする修道士、修道女によって、お菓子の文化が世界中に、大きな影響を与えました。チョコレートなどがその一例で、まず、ヨーロッパの国々に広がり、さらに、世界へと広がっていきました。日本の「南蛮菓子」も例外ではありません。ポルトガルから伝わったといわれているカステラも、もともとはスペインの修道院からポルトガルに、それが日本に伝わったものだといわれています。遠い昔に私たちの祖先ともつながっていたなんて、なんて素敵なことでしょう。

中世の時代は、一般の人たちの口にはめったに入ることのなかった
修道院のお菓子ですが、時代の流れとともに、その味が口伝され、
家庭で模索されながらつくられ、庶民の口にも入るようになりまし
た。さらに、昔はお菓子は献上するもの、贈るものであって、「売る」
ということはなかったようですが、時代の変化とともに、修道院維
持活動の一環として、お菓子を外部に販売する修道院が、とても増
えました。それによって、修道院のお菓子がさらに身近になってい
ったのです。

修道院のお菓子を、家庭でもつくれるようになった現在でも、スペ
イン人にとって、修道女のつくるお菓子は「特別なもの」。憧れと
敬意と誇りをもち、愛しつづけています。修道女たちの手で、ひと
つひとつていねいにつくられているお菓子は、中世のころから変わ
ることなく、今日も、だれかを幸せにしているのです。

Pasando por
la primavera
hasta
el verano

第1章　春から夏へ

アーモンドの花が、薄紅色のつぼみを開くころ、スペインに春が訪れます。3月末〜4月上旬には、一年で最も大切にしている行事、「聖週間」があります。イエス・キリストが復活するまでの1週間を「聖週間」と呼び、キリストの受難に思いをはせ、死を悼むのです。1日目のエルサレム入城「枝の主日」から、最後の晩餐が行われた「聖木曜日」、死を迎えた「聖金曜日」はとても厳粛な日で、各地で山車を携えた、悲しみの行進があります。聖週間の間には肉を断つ習わしがあり、その時期に食べるお菓子もあります。修道女や敬虔な人たちは、いまでも断食や節食をするそうです。聖週間が明けた翌日の日曜日は、「復活祭」。キリストの復活を祝い、春もたけなわに。復活祭が終われば、光まぶしい夏に向かい、スペイン中が、活気づいていきます。

Crema Catalana

クレマ・カタラーナ

✠

イエス・キリストの養父ホセ(聖ヨセフ)の日、3月19日は父の日でもあります。
その日の特別なお菓子はクレマ・カタラーナ。聖ホセのクリームとも呼ばれ、
カタルニア地方で生まれ、いまではスペイン全土で愛されているクリーム菓子です。
このお菓子にはこんな逸話があります。
あるとき、司教さまが修道院を訪れ、修道女たちが料理をつくってもてなすことになりました。
遅れて訪ずれた司教は大急ぎで食事を進めることに。
そこで、あわてた修道女たちは、プリンを失敗してしまいます。
それでコーンスターチを入れて固めようと試みます。
司教は待ち切れずデザートを急がせ、修道女たちはまだ冷めていない「プリン」を運ぶことに。
熱い「プリン」を食べた司教は、あまりの熱さに「やけどするほど熱い！」と叫んだとか。
しかし、その味は格別。司教は喜んでやけどしないように上手に食べつづけました。
それで別名「ケマーダ(スペイン語でやけどした)」
とも呼ばれているのだとか。

材料(直径10cmの器 4個分)

牛乳 300ml + 125ml
シナモンスティック 1本
レモン(国産)の皮 ¼個分
卵黄 2個分
グラニュー糖 大さじ1½
コーンスターチ 大さじ1½

〈仕上げ〉
グラニュー糖 小さじ8

つくり方

1
鍋に牛乳300ml、シナモンスティック、レモンの
皮を入れ、5分ほど弱火で煮込む。ざるでこして
ボウルに入れ、粗熱をとる。
2
卵黄、グラニュー糖を混ぜ、①に加える。ダマに
ならないように木べらで混ぜる。
3
別の鍋にコーンスターチ、牛乳125mlを入れて混
ぜる。②を加え、弱火でとろりとするまで木べら
で同じ方向に混ぜる。器に注ぎ、冷蔵庫で冷やす。
4
食べる直前に、グラニュー糖を、ひと皿に対して
小さじ2をふり入れる。スプーンをガスの火にか
ざして赤くなるまで熱し、背を押し付けて、表面
を焼く(写真／100円ショップなどで購入した、
惜しげなく使えるスプーンを使う)。

ガスの火にスプーンをあつあつになるまでかざし、背で表面
をなでるようにしてグラニュー糖をこがす(やけどに注意！)

Rosquillas de Santa Clara

聖クララのドーナツ

ロスキージャと呼ばれ親しまれている
スペイン風のドーナツ。
種類もさまざまです。
「聖クララのロスキージャ」は
マドリッドの修道院で15世紀に
つくりはじめ、広がったものです。
マドリッドでは5月の
守護聖人・聖イシドロのお祭りの日に、
プレーンの「おばかさん」、
お砂糖もしくはフォンダンをかけた
「お利口さん」のドーナツとともに
欠かせないお菓子です。

材料(8個分)

薄力粉　200g
ベーキングパウダー　小さじ1
卵(Lサイズ)　1個
グラニュー糖　50g
A｜オリーブオイル(エキストラ
　　　バージン)　60ml
　　アニスシード　小さじ½
　　白ワイン(辛口)　小さじ1
薄力粉(打ち粉用)　少々

〈アイシング〉
卵白　大さじ1
粉砂糖　80g

つくり方

1　薄力粉とベーキングパウダーは、合
わせてふるっておく。
2　オーブンを170℃に温める。
3　卵とグラニュー糖をボウルに入れて
フォークでよく混ぜる。グラニュー糖が
溶けたらAを加え、さらに混ぜる。
4　③のボウルに①を加えて手で混ぜ、
生地をまとめる。ボウルの上に、乾いた
ふきんをかぶせて室温で30分ほどおき、
生地をなじませる。
5　打ち粉をした台の上に生地を出し、
8等分する。生地を手のひらでコロコロ
させながら棒状にのばし、両端をつなぎ
合わせ、リング状にする。
6　⑤をオーブンシートを敷いた天板の
上に並べ、170℃のオーブンで20分焼き、
網にのせ、粗熱をとる。
7　アイシングをつくる。卵白と粉砂糖
を泡立て器でよく混ぜる。
8　⑥に⑦のアイシングをかけ、室温で
1時間ほどおいて乾かす。

Rosquillas

揚げドーナツ

ちょっとかためで、
アニス風味を利かせている
揚げロスキージャ。
イースターの1週間前の、
3月末〜4月初頭に行われる、
聖週間のときに食べる習慣があります。

材料(10個分)

オレンジの皮　¼個分
オリーブオイル(エキストラ
　　バージン)　大さじ5
卵(Lサイズ)　1個
A　グラニュー糖　大さじ6
　　白ワイン(辛口)　大さじ5
　　アニスシード　小さじ2
B　薄力粉　300g
　　ベーキングパウダー
　　　小さじ½
揚げ油　適宜
薄力粉(打ち粉用)　少々

〈仕上げ〉
グラニュー糖　適量

つくり方

1　オレンジの皮はよく洗い、包丁で白
い部分を除く。
2　フライパンにオリーブオイルとオレ
ンジの皮を入れて、2分ほど中火で温め、
オイルに香りを移し、冷ます。
3　Aをボウルに入れる。オレンジの皮
を取り除いた②を加え、フォークで混ぜ
合わせる。
4　③に、合わせてふるったBを加え、
フォークで混ぜる。ある程度まとまった
ら手で混ぜ、生地をまとめる。打ち粉を
した台の上に出し、10等分して細長く
のばし、両端をつなぎ合わせリング状に
する。
5　170℃の油できつね色になるまで揚
げる。
6　油をきり、グラニュー糖をふる。

地中海に面した地方や、アラゴン地方でなじみの深いパイ。
といっても、何層にも重ねたパイではなく、サクッとした素朴なもの。
さつまいもの入ったパイはバレンシア地方で
聖週間に食べるお菓子のひとつです。

材料(4個分)

〈さつまいものフィリング〉
さつまいも　200g
A　グラニュー糖　50g
　　レモンの皮(国産)　¼個分
　　シナモンスティック　1本

〈生地〉
薄力粉　140g
オリーブオイル(エキストラバージン)　50ml
グラニュー糖　12g
B　白ワイン(辛口)　30ml
　　レモン(国産)の皮のすりおろし　¼個分
　　シナモンパウダー　少々

〈仕上げ〉
粉砂糖　適量

つくり方

1
フィリングをつくる。レモンの皮は白い部分を取り除く。さつまいもは皮つきのまま、厚さ2cmくらいの輪切りにし、水に1時間ほどつけてあくを抜く。鍋にさつまいも、かぶるくらいの水を入れてゆでる。やわらかくなったらざるにあげて皮をむき、鍋に戻し、木べらでつぶす。水200ml(分量外)とAを加える。沸騰したら弱火にして30分ほど煮込む。水分がとんだらレモンの皮、シナモンスティックを取り除き、もったりとするまで練って、冷ます。

2
オーブンは180℃に温める。

3
生地をつくる。薄力粉はふるう。フライパンにオリーブオイルとグラニュー糖を入れて弱火にかける。グラニュー糖が溶けたら火からおろし、Bを加えて木べらで混ぜる。薄力粉を少しずつ加えながら混ぜて、30分ほど室温において生地をなじませる。

4
③をめん棒でのばして、直径12cmくらいの器などを使い、丸く抜く。

5
④の中央に①を置き、半分に折り、端をフォークで押さえる。オーブン用シートを敷いた天板に並べる。

6
180℃のオーブンで20分焼く。

7
焼き上がったら粗熱をとり、粉砂糖をふる。

Torrijas

トリハス

✝

15世紀のころ、修道女たちが、かたくなってしまったパンでつくりはじめたのが
起源といわれている、フレンチトーストのようなお菓子です。
もともとは高貴な人たちしか食べられなかったそうですが、
いまでは、聖週間に食べるお菓子の代表。「聖金曜日のトリハス」とも呼ばれ、
お肉を食べない節食の金曜日に食べる習慣があります。
たっぷりのお砂糖をつける地方もあれば、マドリッドでは
甘口の白ワインをかけて楽しむことも。朝食やブランチにもうれしいですね
（ちなみに、カトリックの修道院では聖金曜日は哀悼の日。
断食や食事制限の習慣があります）。

材料（2人分）

フランスパン（バタールなど。かたくな
ったものでよい）1.5cm厚さ　4枚
卵　1個
A｜レモン（国産）の皮　¼個分
　｜オレンジの皮　¼個分
　｜牛乳　200ml
　｜シナモンスティック　1本
　｜グラニュー糖　大さじ1
オリーブオイル　大さじ1

〈仕上げ〉
シナモンパウダー、はちみつ　各適宜

つくり方

1
Aのレモンとオレンジの皮は、包丁で白い部分を
除く。

2
鍋にAの材料を入れ、沸騰したらごく弱火で3分
煮込む。パンにかけ、そのまま3分ほどつけ込む
（写真）。レモンとオレンジの皮、シナモンスティ
ックを取り除く。

3
バットに卵を割り入れてよく溶き、②のパンにか
らめる。

4
フライパンにオリーブオイルを入れ③の両面をこ
んがりと焼く。

5
器に移し、シナモンパウダー、はちみつをかけて
いただく。

あまりつけすぎると崩れやす
いので3分を目安につけ込む

Leche frita

揚げミルク

✝

このお菓子は、まだ冷蔵庫という便利なものがなかったころに、
修道女たちがあまってしまったミルクで、少しでも長くもつような料理を、
と考えたのが始まりだといわれています。
それで、名前は「揚げミルク」。とくに、北の地方でなじみが深く、
いまでは、家庭でお母さんがつくるお菓子のひとつです。
つくり方のコツは、生地がかたくなって、もったりし、
鍋底から離れるくらいまで火にかけながら練りつづけることです。

材料（12個分）

卵黄　3個分
グラニュー糖　大さじ6
バター（食塩不使用）　50g
薄力粉　50g
牛乳　350ml
レモン（国産）の皮のすりおろし　1個分

〈衣〉
溶き卵　1個分
薄力粉、揚げ油　各適量

〈仕上げ〉
シナモンパウダー、粉砂糖　各適量

つくり方

1
卵黄とグラニュー糖を混ぜ合わせる。

2
鍋にバターを入れて弱火にかけて溶かす。薄力粉
を加え、泡立て器で混ぜる。弱火にかけたまま牛
乳を少しずつ加えて、とろりとしたホワイトソー
スをつくる。

3
②を火からおろし、①とレモンの皮のすりおろし
を加え、混ぜ合わす。

4
再び③を弱火にかけ、こげないように混ぜながら
3分ほど練る。もったりとしてかたくなったら、
火からおろし、バット（14×18.5×高さ2.5cm）
に移す。平らにならし、ラップをして冷蔵庫に1
時間以上おき、さらに固める（写真）。

5
バットから取り出し、12等分に切り分ける。薄
力粉を全体にまぶし、溶いた卵をからめて170℃
の油できつね色になるまで揚げる。

6
油をきり、器に移し、シナモンパウダーと粉砂糖
をふる。

冷蔵庫で1時間以上冷やし、
バットから簡単に取り出せる
くらいのかたさにする

Confitura de fresas

いちごのミント風味のジャム

お菓子だけではなく、
ジャムをつくる修道院は多いもの。
なかでも、セビリアの聖ホセ修道院や、
聖パウラ修道院、聖クレメンテ修道院などの
自家製のジャムが人気です。

材料(約350ml分)

いちご　600g
レモン果汁　20ml
グラニュー糖　150g
ミントの葉　6〜8枚

つくり方

1
いちごは洗ってへたを取り、半分に切ってレモン
果汁とグラニュー糖をふり、ホウロウかステンレ
スの鍋に入れる。いちごから水分が出るまで3〜
4時間おく。

2
鍋を火にかける。沸騰したら弱火にし、途中、出
てきた泡を取りながら15分煮る。ミントを入れ、
さらに10〜15分混ぜながらもったりとするまで
煮込む。

Mermelada de zanahorias

にんじんのジャム

クララ会の修道院のレシピです。
パンにはもちろん、ケーキやマフィンなどの
お菓子に入れたり、ゼリーにしたり、
肉や魚料理に添えたりして楽しみます。

材料(500ml強分)

にんじん　500g
レモン　1½個
グラニュー糖　100g
シナモンスティック　1本

つくり方

1
にんじんは皮をむき、薄切りにする。お湯に入れ、やわらかくなるまでゆでる。ざるにあげ、水気をきり、フォークやブレンダーで、ピューレ状にする。

2
レモンの皮を¼個分そぐ。果汁はしぼっておく。

3
グラニュー糖と水125ml(分量外)、シナモンスティックを鍋に入れて火にかける。グラニュー糖が溶けたら、レモンの皮とレモン果汁の半量を加えとろりとするまで(125mlくらいになるまで)弱火で煮込み、シナモンスティックとレモンの皮を取り除く。

4
③の鍋を弱火にかけたまま①を加え、残りのレモン果汁を加えてかき混ぜながら10分煮込む。

Coca de cerezas y Coca de San Juan

さくらんぼのコカと聖ヨハネのコカ

コカは、ピザのような生地でつくる
地中海に面した地方の料理。
塩味の総菜コカと、甘いコカがあります。
このコカは、聖ヨハネに関わるお菓子。
一年で最も日の長い夏至の日は
キリストに洗礼を授けた聖ヨハネの日。
その日の前夜祭にこのコカを食べ、お祝いをします。

また6月初め、カタルニア地方のレウスでは
復活祭から60日目の木曜日に
さくらんぼのコカを食べます。
生のブラックチェリーをのせますが、
ここでは缶詰を使いました。

材料(それぞれ1枚ずつ)

〈基本の生地〉
強力粉　200g
ドライイースト　5g
溶き卵(Lサイズ)　½個分(残り½個分は生地に
ぬるのでとっておく)
グラニュー糖　40g
A ┃ オリーブオイル(エキストラバージン)　30ml
　 ┃ 水　80ml
　 ┃ レモン(国産)の皮のすりおろし　小さじ1
　 ┃ 塩　少々

〈さくらんぼのコカ〉
さくらんぼ(ブラックチェリー缶詰)　約8個
グラニュー糖　適量

〈聖ヨハネのコカ〉
カスタードクリーム(卵黄　2個分、牛乳　200ml、
グラニュー糖　50g、コーンスターチ　大さじ1)
松の実　大さじ2、グラニュー糖　適量

つくり方

〈基本の生地〉
1　強力粉とイーストをボウルに入れる。
2　Aをよく混ぜ合わせる。
3　②を①に少しずつ加え、フォークである程度
まとまるまで混ぜる。3〜4分、手でこねてまとめ、
ふきんをかけて1〜2時間室温におき(夏場は早
く、冬場は時間がかかる)、2倍にふくらませる。

〈さくらんぼのコカの準備〉
1　基本の生地の⅓量をめん棒で5〜6mm厚さに
丸くのばし、溶き卵を表面にはけでぬる。
2　生地の上にさくらんぼを埋め込むようにのせ、
グラニュー糖をふる。

〈聖ヨハネのコカの準備〉
1　基本の生地の⅔量をめん棒で5〜6mm厚さの
楕円形にのばし、溶き卵を表面にぬる。
2　カスタードクリームをつくる。鍋に半量の牛
乳を沸騰しないように温める。残りの牛乳にコー
ンスターチを入れ溶かす。ボウルに卵黄とグラニ
ュー糖を入れて混ぜる。コーンスターチを入れた
牛乳も加え、木べらで混ぜる。そこへ温めた牛乳
を加えて混ぜ、鍋に戻し、もったりとするまでこ
げないように混ぜて冷ます。
3　②をしぼり袋に入れて生地の上にしぼる(口
金を付ける場合はどんな形でもよい)。グラニュ
ー糖と松の実をふる。

〈仕上げ〉
1　オーブンは180℃に温める。
2　天板にオーブン用シートを敷き、ふたつのコ
カをのせ、180℃のオーブンで20〜25分、表面
にこんがりと焼き色がつくまで焼く。

Sorbete de naranja

オレンジのシャーベット

スペインの夏は、場所によっては大変厳しいものです。
そんなときに元気づけてくれるのが、冷たいお菓子。
シャーベットは中国からアラブへ、
そこからスペインとイタリアのシチリア島に伝わり、
さらにヨーロッパ全土に広がったといわれています。

材料（2〜3人分）

オレンジ果汁　3個分（約200ml）
卵（Lサイズ）　1個
卵黄（Lサイズ）　2個分
グラニュー糖　45g

つくり方

1
ボウルにすべての材料を入れてグラニュー糖が溶けるまでよく混ぜる。

2
バットに移し、冷凍庫で固める。途中、何回かフォークで全体を混ぜて空気を入れ、シャリシャリとさせる。

Crema de limón

レモンクリーム

✠

スペインではいたるところに
レモンの木が植えられていて、
お菓子づくりにも重宝しています。
レモンの爽やかな味が夏にうれしいこのクリームは、
クララ会のレシピから。

材料(4人分)

卵(Lサイズ)　2個
牛乳　200ml
コーンスターチ　15g
グラニュー糖　50g
バター(食塩不使用)　10g
レモン果汁　1個分(約25ml)
レモン(国産)の皮のすりおろし　少々

つくり方

1
卵は卵白と卵黄に分ける。オーブンは180℃に温める。
2
半量の牛乳で、コーンスターチを溶く。
3
小さな鍋に残りの牛乳とグラニュー糖、バターを入れて溶かす。火を止め②を入れ、泡立て器でよく混ぜる。再び火をつけ、弱火でとろりとなるまで混ぜる。
4
レモン果汁を加え弱火のまま混ぜる。
5
④に卵黄を加え混ぜ、さらにとろりとなるまで混ぜながら加熱する。
6
卵白を泡立てる。ある程度泡立ったらグラニュー糖大さじ1(分量外)を加え、さらにつのが立つまでしっかり泡立て、メレンゲをつくる。
7
器に⑤を入れて⑥をのせ、180℃のオーブンでメレンゲにこげ目がつくまで5分焼く。

Mousse de yogur

ヨーグルト・ムース

バスク地方のエルナニにある
聖アグスティン修道院のレシピです。

材料（4個分）

ヨーグルト（無糖）　120g
グラニュー糖　25g
生クリーム　100*ml*
粉ゼラチン　5g

〈いちごソース〉
いちご　12個
コアントロー　大さじ1

つくり方

1
ヨーグルトとグラニュー糖を泡立て器で、グラニュー糖が溶けるまで混ぜる。

2
ゼラチンを小鍋に入れ、水大さじ1½（分量外）を入れて15分ほどふやかす。そのまま鍋で弱火にかけ、ゼラチンを溶かす。火から下ろし、鍋をゆすり、さっと熱をとる。

3
②が固まらないうちに①に少しずつ加えながら、全体が混ざるように混ぜる。

4
生クリームを八分立てくらいまで泡立て、③に混ぜる。

5
型に移し、冷蔵庫で冷やす。

6
いちごソースをつくる。いちごはへたを取り、つぶしてコアントローと混ぜる（フードプロセッサーやブレンダーを使ってもよい）。このソースを皿に添え、⑤にかけていただく。

「トルノ」に　ついて

column1: Torno

大きな都市だと売店を設けている修道院も
あり、修道女と顔を合わせることもできま
すが、多くの修道院が厳しい戒律どおりに
外界とは接せずに生活を営んでいます。そん
な修道院にはトルノ（Torno）という窓口
があります。外界と修道女を結ぶ架け橋と
なっている扉です。

「お菓子を売っている」といっても、大概は
何の看板も、表示もなく、そのうえ、トル
ノがある場所は正門ではないひっそりとし
た小さな入口だったりします。中世の建物
は思いのほか広く、入口付近から修道女た
ちの生活している場所までは、おそらくと
ても離れているのでしょう。修道院は静ま
り返り、修道女たちの気配さえ感じさせま

バスク地方エロリオの聖アナ修道院のトルノ

おごそかに鳴り響くベル。なんだか大変な
ことをしてしまったのではないかと、冷や
汗をかいたことがありました。

トルノの扉が開かれると、中には回転棚が
あり、修道女の顔は見えません。言葉だけ
は交わしながら回転棚にお金を置き、ぐる
ぐるっと回します。それを受け取った修道
女が、棚をぐるぐるっと回すと、目の前に
待ちに待ったお菓子がお目見えします。

何百年も、そうやって外界との接点の役割
をしているトルノ。お金の代わりに卵やは
ちみつ、ひょっとしたら野菜などをのせて
回ったこともあるかもしれませんね。きっ
と、お菓子と対面したとき、だれもがにっ
こりとほほ笑みを浮かべたことでしょう。

サンティアゴ・デ・コンポステーラのカルメン修道院のトルノ（脇にベルの紐が）

サンティアゴ・デ・コンポステーラのベルビス修道院のトルノ

せん。ですから、入口を見つけ、壁に設置
されたトルノを発見したときのうれしさと
いったら。歴史を感じさせる重々しいトル
ノの脇には、たいていいまどきのインター
ホンが付いていて「こんにちは」と声をか
けます（このとき、カトリックの人たちは、
祈りの言葉を交わします）。一方で、昔な
がらの小さなベルを付けているところもあ
りました。垂れ下がった紐を引っぱると、

La calidez de

los dulces de

otoño

e invierno

第2章 秋から冬へ

スペインの長い夏が終わり、少しずつ木の葉が黄金に色づき、空気も徐々に冷たくなっていきます。秋の大きなイベントは、11月1日の「諸聖人の日」。すべての聖人が地上に戻って来るといわれる日です。日本でいえばちょうどお盆のような行事で、多くの人が花を持ち、お墓参りに出かけます。12月に入ると、あわただしくクリスマスの支度が始まります。24日のイブから、東方三賢人がやってきて、イエス・キリストを神の子とみなした1月6日までがクリスマスの期間。この時期は、ケーキではなく、小さなかわいらしいお菓子を食べる習慣があります。お菓子の注文が増える修道院では、早くからクリスマス用のお菓子をつくりはじめます。

✟

ブニュエロは小さな揚げシューのことで、中世のころからあったお菓子のひとつ。
昔からこのお菓子を食べると、罪が清められるといわれているとか。
11月1日の「諸聖人の日」に食べる習慣があり、「風のブニュエロ」と呼ばれています。
「修道女のため息」と呼ばれることもあり、
いずれもふ〜っと吹かれて膨らんだイメージからついた名前のようですね。
ブニュエロの中にはカスタードクリームや生クリーム、
マロンクリーム、チョコレートクリーム、
天使の髪(そうめんかぼちゃに似たかぼちゃでつくるジャム)などを詰めて楽しみます。
「諸聖人の日」には修道女たちもブニュエロづくりにいそしむそうです。

材料(約10個分)

薄力粉　60g
A　牛乳　50ml
　　水　50ml
　　グラニュー糖　30g
　　バター　18g
　　塩　ひとつまみ
　　レモン(国産)の皮のすりおろし　½個分
卵(Mサイズ)　1個
揚げ油　適宜

〈仕上げ〉
粉砂糖　適量

つくり方

1
薄力粉をふるっておく。
2
Aを鍋に入れ火にかける。グラニュー糖が溶け、沸騰寸前になったら火を止め、①を入れる。いっきに木べらで練り混ぜる。再び火をつけ弱火にし、鍋からはがれるくらいまで練って火からおろす。
3
卵を溶いて②の鍋に少しずつ加え、木べらで練り混ぜる。
4
揚げ油を170℃に熱し、スプーン2本を使って③の生地をまるめながら揚げる。
5
全体がきつね色になり、生地が浮いてきたら、取り出して油をきる。仕上げに粉砂糖をふる。

Panellets

ハネジェッツ

✠

カタルニア地方を中心に、地中海に面した地域で、
11月1日の「諸聖人の日」に食べる習慣があるお菓子です。
家庭でたくさんつくり、家族みんなで楽しみます。
いまでは全国に広がり、多くの修道院がつくっているお菓子でもあります。
さつまいもの代わりにじゃがいもを使うことも。
松の実は、スペイン産のものを使うと、いっそうおいしいです。

材料(15個分)

さつまいも　100g
A｜アーモンドパウダー　100g
　｜グラニュー糖　60g
　｜卵黄　1個分
　｜レモン(国産)の皮のすりおろし　½個分
　｜バニラエッセンス　少々
卵　1個
松の実　100g

つくり方

1
オーブンは150℃に温める。
2
さつまいもは皮つきの状態で丸のままゆで、やわらかくなったら取り出す。熱いうちに皮をむき、フォークでつぶす。
3
②にAを加えて手でよく混ぜ、小さな団子状にまるめる。
4
卵は卵白と卵黄に分け、卵白をフォークでかるく混ぜる。
5
③を卵白にくぐらせ、松の実をまぶす。卵黄を溶いてはけでぬる。
6
天板にオーブン用シートを敷いて⑤を並べる。150℃のオーブンでこんがりと焼き色がつくまで15分ほど焼く。

＊さつまいもの甘さによって、グラニュー糖の分量を調節する。

✞

11月1日の「諸聖人の日」に食べるお菓子。
中に入っている卵黄クリームは骨髄というこだわりよう。その起源は諸説あるなかに、
その昔、渡来した宣教師が、日本の仏さまに供えられていた
骨のような形の和菓子をスペインの教会に持ち帰ったという説もあるそうです。
お盆の落雁でしょうか。事実か否かは神のみぞ知る、ですが、
日本のお菓子がスペインのお菓子に影響を与えたことも
きっとあったに違いありません。

材料(約15本分)

〈マジパン〉
アーモンドパウダー(マルコナ種)　150g
グラニュー糖　50g
水　125ml

〈卵黄のクリーム〉
卵　1個
卵黄　1個分
グラニュー糖　60g
コーンスターチ　小さじ½
レモン汁　小さじ1

粉砂糖(仕上げ用)　適量

つくり方

1
マジパンをつくる。鍋にグラニュー糖、水を入れて中火にかけ、混ぜながら50mlになるまで煮詰め、冷ます。

2
アーモンドパウダーに①を加えて、手でよく混ぜてひとまとめにする。ラップをして常温で1時間ほどおき、マジパンの生地をなじませる。

3
卵黄のクリームをつくる。鍋に卵黄のクリームの材料を入れて弱火にかける。ひとつにまとまるまでゴムべらでよく練って、粗熱をとる。

4
しぼり袋に口金(8mm前後。どんな形でもよい)を付けて③を入れる。

5
②の生地の上下をラップで挟み(めん棒や台にくっつきやすいので)、めん棒で厚さ3mmくらい、縦18×横25cmの長さにのばす。包丁の背で線を入れて模様をつけ、縦6×横5cmの長さに切る。

6
1枚ずつ裏返して④のクリームをしぼり、くるりとやさしく巻く。仕上げに粉砂糖をふる。

Pestiños

ペスティーニョ

その昔、アラブの人たちが伝授したお菓子を、修道女たちが
お酒などを加えアレンジしたものといわれています。
いまでもスペインの人たちに愛され、
多くの修道院が、クリスマスにつくるお菓子です。
大学いものように蜜をたっぷりからませたタイプもおいしい。

材料（約10個分）

薄力粉　150g
オレンジとレモン（国産）の皮　各¼個分
オリーブオイル（エキストラバージン）
　　大さじ4弱
アニスシード（または白ごま）　小さじ1
白ワイン（辛口）　大さじ4
オリーブオイル（揚げ用）　適量

〈仕上げ〉
グラニュー糖、シナモンパウダー　各適量

つくり方

1
オレンジとレモンの皮は白い部分を除く。フライパンにオリーブオイルを入れ、オレンジとレモンの皮を入れ2分間、火にかける。火を止めて、オレンジとレモンの皮を取り出し、アニスシードを入れて冷ます。

2
薄力粉に①と白ワインを加えフォークで混ぜる。ある程度まとまったら手でまるめて、めん棒で薄くのばす。

3
②を6cm角に切り、それぞれ左右の角を合わせ、指で押さえる。

4
オリーブオイルできつね色になるまで揚げる。

5
熱いうちにグラニュー糖をまぶす。好みでシナモンパウダーをふる。

Polvorón
ポルボロン

✚

南の地方が故郷のお菓子。16世紀にクララ会の
修道院でつくられたのが起源といわれています。その後各地に広がり、
いまではクリスマスには欠かせないお菓子になりました。
ほろほろとすぐに崩れてしまうので、
でき上がりは薄い紙にキャンディーのように包みます。
私はバターで風味づけをしていますが、ラードだけでつくるのが伝統的です
（「ポルボロン」は複数になると「ポルボローネス」といいます。
複数になると名前が似ているせいか
よくイタリア菓子「ポルボローネ」と混同されがちです）。

材料（約12個分）

薄力粉　50g
アーモンドパウダー（マルコナ種）　50g
バター（食塩不使用）　25g
ラード　25g
粉砂糖　50g
シナモンパウダー　少々

〈仕上げ〉
粉砂糖　適量

つくり方

1
バターとラードは室温にもどしておく。オーブン
は150℃に温める。
2
フライパンに薄力粉を入れて、ダマが残らないよ
うに、押しつけるようにして、中火できつね色に
なるまで炒る。粗熱をとる（写真）。
3
②とアーモンドパウダーを合わせてふるう。
4
ボウルにバターとラードを入れて、粉砂糖、シナ
モンパウダーをふるいながら加えてゴムべらで混
ぜる。③も加えて手でよく混ぜる。
5
手でひとまとめにしてラップにくるみ、冷蔵庫で
30分ほど冷やして生地をなじませる。
6
めん棒でたたくように生地をのばす。1cm厚さに
のばして抜き型で抜く。オーブン用シートにのせ
て、150℃のオーブンで15分焼き、シートの上
で冷まし、粉砂糖をふる。

薄力粉を木べらで混ぜながら、
香ばしい香りがしてきつね色
になるまで炒る

Polvorón de chocolate

チョコポルボロン

ポルボロンのお兄さんのような存在の
「マンテカード(Mantecado)」というお菓子が
あります。材料はポルボロンと同じですが、
薄力粉の量が違う、形が違うなど諸説あり、
現在ではごちゃ混ぜになってしまい、
両者の違いがよくわかりません。
ただポルボロンがマンテカードから派生した
お菓子だというのは明らかだそう。
どちらもクリスマスの消費量は大変多く、
いまではチョコレートや
レモンのフレーバーなど種類も豊富に。

つくり方

41ページのポルボロンのつくり方参照。
ポルボロンの工程③で、チョコレートパウダー15g
を加え、合わせてふるう。あとは同様につくる。

Hojaldrinas

クリスマスの小さなパイ

パイといっても何度も折りたたまず、
簡単につくれるクリスマスのお菓子です。
オリジナルはラードを使うのですが、
最近ではバターを使うことも
多いようです。

材料(6〜8個分)

〈生地〉
薄力粉　150g
バター(食塩不使用)　80g
オレンジ果汁　大さじ4
白ワイン(辛口)　大さじ1
グラニュー糖　30g
オレンジの皮のすりおろし
　　½個分

薄力粉(打ち粉用)　適量

〈仕上げ〉
粉砂糖　適量

つくり方

1　バターは小さな角切りにする。他の
生地の材料と混ぜ合わせ、ラップをして
冷蔵庫にひと晩ねかせる。
2　オーブンは180℃に温める。
3　台に打ち粉をし、①をめん棒で厚さ
1cmくらいにのばす。右左をたたみ、め
ん棒でのばし、上下をたたみ、めん棒で
のばす。
4　包丁で小さな正方形に切る。
5　オーブン用シートを敷いた天板に並
べ、180℃のオーブンで20分焼く。
6　天板から出し、仕上げに、粉砂糖を
たっぷりとふる。

Marquesas

マルケッサ

✠

「公爵夫人」という優雅な名前をもつクリスマスの小さなお菓子です。
アーモンドの香り高く、しっとりとした食感の生地が印象的で、
多くの修道院でつくられているお菓子です。
小さな四角い型紙で焼くこともあります。

材料(6個分)

アーモンドパウダー(マルコナ種)　100g
薄力粉　20g
ベーキングパウダー　小さじ½
卵黄　2個分
はちみつ　大さじ1
卵白　1個分
グラニュー糖　30g

〈仕上げ〉
粉砂糖　適量

つくり方

1
オーブンは180℃に温める。
2
アーモンドパウダー、薄力粉、ベーキングパウダ
ーは一緒にふるっておく。
3
卵黄とはちみつをよく混ぜる。
4
卵白は七分立てくらいまで泡立て、グラニュー糖
を加え、グラニュー糖がとけるまでさらに混ぜる。
5
④に③を加え、かるく混ぜて、さらに②を加えて
さっくりと混ぜる。小さなマフィン紙型(ミニマ
フィンカップ、直径5×高さ3.5cm)に流す。
6
180℃のオーブンで10分焼く。
7
オーブンから取り出し、粗熱がとれたら、仕上げ
に粉砂糖をふる。

Mazápan

マサパン

✞

クリスマスに食べるお菓子のひとつで、古都トレドの銘菓としても名高いもの。
たっぷりのアーモンドパウダーを使った生地を、
草花や鳥、魚、かたつむり、月などの形にします。
しっとりとした生地は、まるでアーモンド饅頭と表現したくなる食感。
その起源は13世紀にさかのぼります。
トレドの町が、ナバス・デ・トロサの戦いで飢饉に陥っていたとき、
聖クレメンテ修道院の修道女たちが貯蔵庫にあった
アーモンドと砂糖でお菓子をつくったのです。
それがマサパンで、多くの飢えた人々を救ったとか。
いまでも聖クレメンテ修道院ではおいしいマサパンをつくりつづけています。

材料（10個分）

A アーモンドパウダー（マルコナ種）　100g
　　粉砂糖　80g
　　卵白　1個分
　　レモン（国産）の皮のすりおろし　¼個分
　　バニラエッセンス　少々
　　水　小さじ1
卵黄　½個分

つくり方

1
Aの材料をボウルに入れ、混ぜ合わせる。ラップで包み、冷蔵庫に1時間おいて生地をなじませる。

2
オーブンは230℃に温める。

3
①を好きな形に整え、表面に溶いた卵黄をはけでぬる。

4
230℃のオーブンで表面にこげ目がつくまで3〜5分焼く。

Turrón de guirlache

トゥロン

アーモンドとはちみつがベースの、
クリスマスには欠かせない、
古くから愛されているヌガー状のお菓子です。
アーモンドをつぶしたやわらかいものから、
アーモンドの形が残ったかたいものまで、
味やタイプもいろいろ。これは「ギルラチェ
(Guirlache)のトゥロン」という、簡単につくれる
タイプ。バスク地方の聖ペドロ修道院のように、
キャラメルを少量にしてやさしい味に仕上げました。
あれば、スペイン産のマルコナ種アーモンドで
本場の味を楽しんでください。

材料(18cmパウンド型:
型を使わず好きな大きさにしてもよい)

アーモンド(ホール・皮むき・マルコナ種)　120g
A ┃ シナモンパウダー　小さじ½
　 ┃ アニスパウダー　小さじ½
グラニュー糖　80g

つくり方

1
型にオーブン用シートを敷く。

2
アーモンドとAは混ぜておく。

3
鍋にグラニュー糖と水50ml(分量外)を入れ、沸騰したら中火にしてキャラメル色になるまで煮詰める。

4
火を止めてすぐに②を入れてフォークで全体にキャラメルがからまるようにさっと混ぜる。

5
①に移し平らに整える。固まったら取り出し、切り分けていただく。

Turrón de la abuela

おばあちゃんのトゥロン

バスク地方のインマクラーダ修道院で出合った、
シュガータイプではないめずらしいトゥロンです。
名前から察するに、
家庭でおばあちゃんがつくっていたのものを、
修道院でもつくりはじめたのか、それとも、
年をとった修道女がつくりはじめたのか。
その由縁はわかりませんが、
一度食べたら忘れられないお菓子のひとつです。

材料(10〜12個分)

アーモンド(ホールまたはダイス・
　皮むき・マルコナ種)　45g
グラニュー糖　大さじ5
水　大さじ5
クーベルチュールチョコレート(スイート)
　50g

つくり方
1
アーモンドを砕く。
2
キャラメルをつくる。鍋にグラニュー糖と水を入
れ、火にかける。鍋をゆすりながらグラニュー糖
を溶かし、ほんのりとキャラメル色になったら火
からおろす(こがしすぎるとかたくなってしまう
ので、その前に火からおろす)。
3
②に①を入れ、手早くからませる。スプーンです
くい、クッキングシートなどの上に並べる。
4
チョコレートを包丁で細かく削り、湯せんで溶か
す。
5
③の上に④をスプーンでかける。そのまま冷やし
固める。

Intxaursaltsa

くるみの甘いスープ

バスク地方でクリスマスに食べる、お汁粉のようなデザートです。
くるみのお汁粉は、遠く中国でも西太后が好んで食べていたとか。
修道院でも古くからつくっていたこのお菓子と
何かつながりがあるのでしょうか。
たくさんのくるみをつぶし、ゆっくりと時間をかけて煮込みます。
粒を少し残してつくってもおいしいです。

材料(3〜4人分)

くるみ　150g
牛乳　250〜300ml
シナモンスティック　1本
グラニュー糖　大さじ3
塩　少々

つくり方

1
くるみはすり鉢に入れてすりこ木で細かくつぶす。

2
鍋に牛乳とシナモンスティックを入れ火にかける。

3
②の鍋が沸騰寸前に①とグラニュー糖、塩を入れ、
弱火にし、30分煮込む。煮詰まりすぎてしまっ
たら牛乳を足して調節する。

Pan de higo
干しいちじくのお菓子

✠

「いちじくのパン」と呼ばれ、
クリスマスに食べるお菓子です。
イエス・キリストの時代には
はちみつが甘味の基本で、
ドライフルーツや木の実と合わせ
お菓子がつくられていたそうです。
きっと遠い昔から親しまれ、
伝わってきたお菓子なのでしょう。
スペインにもこのようなお菓子が
いろいろな地方に残っています。

材料(1個分)

〈生地〉
干しいちじく　200g
くるみ　15g
アーモンド(ホールまたはダイス・
　マルコナ種)　30g
オレンジの皮のすりおろし
　小さじ½
はちみつ　大さじ1
ブランデー　大さじ1
シナモンパウダー、
　クローブパウダー　各少々

〈仕上げ〉
アーモンド(ホール・マルコナ種)、
松の実、干しあんず　各適量

つくり方

1　干しいちじくは粗みじんに切る。
2　すり鉢に①、くるみ、アーモンドを
入れ、すりこ木でつぶす。
3　残りの生地の材料を②に加え、よく
混ぜる。
4　ラップに取り出し、まるめる。
5　アーモンド、松の実、干しあんずな
どを飾る。

Manzanas rellenas

りんごのオーブン焼き

バスク地方の小さな村、
サルバティエラにある
聖ペドロ修道院で、
クリスマス・イヴに食べるという
地域独特のレシピです。
修道院長を決める日など、
特別な日に食べる特別なお菓子だそう。
デーツはなつめやしを乾燥させた
ドライフルーツで、
味の大切なポイントになっています。

材料(4人分)

りんご　4個
A　オレンジの皮のすりおろし
　　　½個分
　　バター(食塩不使用)　40g
　　デーツ(ドライ)　8個
　　干しブドウ(サルタナ)　15g
　　アニスパウダー　少々
　　シナモンパウダー　少々
B　オレンジ果汁　3個分
　　シェリー酒(甘口)　大さじ2
シナモンスティック　4本

つくり方

1　オーブンは200℃に温めておく。A
のバターは室温にもどす。デーツは種を
取り除き、粗みじんに切る。
2　りんごは底まで抜けないように、芯
の部分を芯抜き器またはスプーンでくり
抜く。
3　ボウルにAを入れまんべんなく練り
混ぜる。りんごのくり抜いた部分に入れ
る。
4　耐熱容器にBを入れ、③のりんごに
シナモンスティックを刺し、並べる。
200℃のオーブンに入れ、ときどき汁を
りんごにかけながら、40〜50分ほど焼く。

バスク地方では「クリスマスのコンポート」と呼ばれ、
クリスマスに食べるデザートのひとつです。
赤ワインは重みのあるフルボディがぴったりと合います。
夏には冷やしてアイスクリームと一緒に食べるとおいしいです。

材料(4個分)

A　干しぶどう　100g
　　干しいちじく　100g
　　干しあんず　100g
　　干しプラム　100g
　　りんご　1個
B　赤ワイン(フルボディ：スペインの
　　　リオハ産など)　400ml
　　シナモンスティック　1本
　　レモン(国産)の皮　1個分

つくり方

1
Aの干し果物は約1時間、ひたひたの水にひたし
ておく。りんごは皮をむき、ひと口大に切る。

2
Bのレモンの皮は、包丁で白い部分を除く。鍋に
Bと水200ml(分量外)を入れ火にかける。沸騰し
たら、水けをきった①を加え、アルミ箔で落とし
ぶたをして弱火で40〜45分ほど煮込む。途中、
出てきたあくを除く。

3
夏は冷やして、冬は温かくしていただく。

✠

1月6日は東方三賢人の日。キリストの誕生を祝うために、
三賢人が星に導かれてベツレヘムを訪れ、贈り物を捧げた日です。
その日にちなんで、スペインでは、眠っている子どもたちに、
ラクダに乗った三賢人がプレゼントを持ってきてくれる
「子どもの日」でもあります。この日のもうひとつのイベントは、
王様たち(東方三賢人)のケーキを食べること。
ケーキというよりは、実はパンに近いお菓子です。
上にのせたフルーツピールは三賢人の帽子の宝石、
ルビーやエメラルドを表しています。中にフェーブ(陶器の人形)を入れ、
それに当たった人はその一年、幸せに暮らせるといわれています。

材料(4～6人分)

薄力粉　400g
牛乳　75ml
バター(食塩不使用)　30g
卵(Lサイズ)　2個
A｜ドライイースト　10g
　｜グラニュー糖　大さじ5
　｜塩　小さじ¼
　｜ブランデー　大さじ2
　｜オレンジの花の水(なければ
　｜　グランマニエで代用)　大さじ1
　｜オレンジの皮のすりおろし　½個分
　｜レモン(国産)の皮のすりおろし　½個分

〈トッピング〉
アーモンドスライス、ドレンチェリー、
オレンジスライスコンフィなど　各適量
グラニュー糖　100g
卵黄　1個分

つくり方
1
鍋に牛乳とバターを入れて加熱し、バターを溶かす。
2
ボウルに薄力粉を入れる。A、溶いた卵2個を少しずつ加えてフォークで混ぜる。
3
②に①を少しずつ加え、手で、生地から手がはなれるくらいまでしっかりとこねる。
4
生地をまるめて、ボウルに入れ、ラップをかける。生地が2.5倍くらいになるまで1時間半くらい室温で発酵させる。
5
④を空気を抜きながらかるくこねる。天板にオーブン用シートを敷き、生地をリング状にして、あればフェーブを入れる。乾いたふきんをかぶせ、30分おく。
6
オーブンを180℃に温めはじめる。
7
トッピング用のグラニュー糖は、水大さじ2(分量外)でしめらせる。
8
溶いた卵黄を⑤の表面全体にはけでぬる。アーモンドスライス、ドライフルーツ類を飾り、⑦を手でつまみ、ところどころにのせる。180℃で30分ほど焼く(途中、表面がこげるようならアルミ箔をのせる)。

修道院で
買えるもの

column 2

あるとき、修道院のお菓子を訪ねる小旅行をしました。そのときに訪ねたひとつが、トレドの聖クレメント修道院。まるで中世のころから時間が止まったかのような旧市街にある、由緒正しき修道院です。大きな建物の裏にひっそりとお菓子の売店がありました。なんといっても私の目当ては何百年もの間つくりつづけられているという「マサパン」です。ところがマサパン以外にも棚に陳列されているたくさんのお菓子にはびっくり。思わず歓喜の声を上げてしまいました。そのうえ、他のいくつかの棚には聖母マリアの像やロザリオ、レトロな天使の人形や聖人クレメンテのキーホルダーなどの小物が、ところ狭しと置かれているのに、またびっくり。あまりお目にかかれない観光地ならではのうれしい修道院で

した。愛らしいロザリオが思い出の品です。その後訪れた、バスク地方のビルバオからバスで1時間ほどの小さな村エロリオにある聖アナ修道院ではおもしろいものに出合いました。そこは、おいしいケーキやお菓子だけではなく、自家製のやけど用クリームがあったのです。「やけどだけではなくて傷や痛みにも効くので使ってね。使用期限？　ずっと使えるから大丈夫」と修道女にすすめられ、ついついふたつも買ってしまいました。オリーブオイル、ハーブ、蜜蝋だけでつくられた、無香料のこのクリーム、なんだか効果があるような気がします。写真はそのときの旅の間に買ったもの。教会などで出合ったものも含まれています。美しいロザリオ、可憐なメダイ……どれも私の大切な宝ものになりました。

column 2

column 2

column 2

column 2

Los dulces tradicionales de los conventos

第3章　修道女の伝統菓子

スペインには長い歴史をもつ伝統のお菓子があります。多くの人た
ちに愛され、大切にされているお菓子たち。そのほとんどが修道院
で生まれ、修道女たちによってはぐくまれたものばかり。素朴で愛
らしい姿、なんだか懐かしい味がします。

Tarta de Santiago

サンティアゴのケーキ

✠

サンティアゴとはスペイン語で「聖ヤコブ」のこと。
その名をとったスペイン北西に位置するガリシア地方に、
サンティアゴ・デ・コンポステーラという町があります。
ヤコブの遺体が運ばれた地と伝えられ、ローマ、エルサレムと並ぶ
キリスト教三大聖地で、年間数万人の人たちが巡礼の道を歩いています。
このケーキはこの町の修道院で生まれ、
長い間、多くの巡礼者をいやしてきたお菓子でもあり、
いまではスペイン全土で愛されている代表的なお菓子でもあります。

材料（直径11cmのタルトレット型　3個分）

A｜アーモンドパウダー（マルコナ種）　120g
　｜グラニュー糖　100g
　｜レモン（国産）の皮のすりおろし　¼個分
　｜シナモンパウダー　小さじ½
卵　2個
バター（型用）　少々

〈仕上げ〉
粉砂糖　適量

つくり方

1
型にバターをぬる。オーブンを180℃に温める。

2
ボウルにAを入れて混ぜ、溶いた卵を加えて泡立て器で混ぜる。

3
②の生地を型に入れて、180℃のオーブンで18～20分焼く。網に取って冷ます。

4
型から取り出し、サンティアゴ十字架型に切った紙型をのせて、仕上げに、粉砂糖をふる（写真）。

サンティアゴの十字架の型紙は少し厚めの紙を使い、ケーキの大きさに合わせてつくっておく。粗熱をとったケーキに型紙を置いて粉砂糖をたっぷりとふりかけ、静かに型紙を取る

Bizcocho de nata

生クリームのビスコッチョ

ビスコッチョはスポンジ菓子。
歴史のあるお菓子のひとつで、
昔からいろんなお菓子の
ベースになっています。
卵を攪拌する手法は修道女が考案した
という説もあるほどで、
ビスコッチョはスペインから
ヨーロッパの国々に広がりました。
日本のカステラも
「カスティーリャ王国」の名前が
由来だという説があり、
それは修道女たちがつくった、
カスティーリャのお菓子、
ビスコッチョだといわれています。
ここではポピュラーな生クリームを
加えたビスコッチョをご紹介します。

材料（縦横15×高さ4cmの
ケーキ型　1個分）

薄力粉　105g
ベーキングパウダー　小さじ1
生クリーム　100㎖
グラニュー糖　80g
卵（Lサイズ）　2個
レモン（国産）の皮のすりおろし
　¼個分

〈仕上げ〉
粉砂糖　適量

つくり方

1　薄力粉、ベーキングパウダーは、合
わせてふるう。オーブンは180℃に温め
ておく。
2　生クリームにグラニュー糖を加えて、
泡立て器でかるく混ぜる。卵をひとつず
つ割り入れてさらに混ぜる。レモンの皮
のすりおろしも加えて混ぜる。
3　②に①を少しずつ加えながらさっく
りと混ぜる。
4　型にオーブン用シートを敷き、③の
生地を入れ、180℃のオーブンで15〜
17分焼く。網に取って冷ます。
5　¼の大きさに切り分け、仕上げに、
粉砂糖をふる。

Almendras garrapiñadas

アーモンドの砂糖がけ

大きな銅鍋でつくる、アラブから伝授された
スペイン全土で見かけるお菓子です。
修道院でもつくっていることが多く、
とくにアルカラ・デ・エナレスの聖ディエゴ修道院、
サラマンカのアルバ・デ・トルメス修道院、
バジャドリのいくつかの修道院などが
そのおいしさで知られています。

材料(4人分)

アーモンド
　（ホール・皮つき・マルコナ種）　150g
グラニュー糖　120g

つくり方

1
フライパンにすべての材料と水100ml（分量外）
を入れて火にかける。沸騰したら弱めの中火にし
て木べらで混ぜながら煮込む。

2
とろりと煮詰まったら火からおろし、白く結晶化
するまで続けて混ぜる。

3
紙の上にぱらぱらになるように広げ、冷ます。

Quesada

ケサーダ

✠

北部カンタブリア海に面したカンタブリア地方に古くから伝わるお菓子です。
古代洞窟でも有名なパス谷があるこの地域は、
羊の農牧が多いスペインのなか、牛酪農が盛んです。
オリジナルは、この地域の新鮮で、
味のよい牛の乳のカード（乳脂肪の固まり）を
たっぷりと使い、つくります。
ここでは代わりにリコッタチーズを使っています。

材料(18cmの丸型　1個分)

リコッタチーズ　180g
薄力粉　110g
牛乳　150*ml*
グラニュー糖　100g
卵　2個
バター(食塩不使用)　10g
レモン(国産)の皮のすりおろし　1個分
バター(型用)　適量

つくり方

1
型にバターをぬる。薄力粉は2回ふるっておく。
オーブンは180℃に温める。

2
バターを湯せんで溶かす。

3
リコッタチーズは最初に少量の牛乳でよく練る。
そこへ牛乳を少しずつ加えてよく混ぜる。

4
グラニュー糖と卵をよく混ぜる。グラニュー糖が
溶けたら②とレモンの皮のすりおろしを加えてよ
く混ぜる。③を加えて混ぜる。

5
薄力粉を3回に分けて入れ、そのつど混ぜる。型
に生地を流す。

6
180℃のオーブンで30分焼く。

Tocino de cielo

トシーノ・デ・シエロ

✞

牛乳を使わず卵黄と砂糖、シロップ（水と砂糖）だけでつくるプリンです。
大変濃厚で、その口当たりが豚の脂身のようなので
「天の豚脂」と呼ばれています。
小さな型でつくり、その濃厚な味を楽しみます。
このお菓子は南部の、シェリー酒で有名な地域、
ヘレス・デ・ラ・フロンテラにあるエスピリツ・サント修道院で
14世紀につくられたのが初めといわれています。
いまではスペイン全土で親しまれている代表的なお菓子です。

材料（直径4.7×高さ2.2cmの
マフィン型　8個分）

卵黄　4個分
卵　1個
A ┃ グラニュー糖　60g
　 ┃ レモンの皮　¼個分

〈キャラメルソース〉
グラニュー糖　大さじ2

つくり方

1
オーブンを150℃に温める。

2
キャラメルソースをつくる。鍋にグラニュー糖、水大さじ2（分量外）を入れて弱火にかけてキャラメル色になるまで煮る。水大さじ1（分量外）を加えて煮詰め、熱いうちに型に入れる。

3
鍋にAと水125ml（分量外）を入れて中火にかける。グラニュー糖が溶けて、50mlになり、とろりとするまで煮る。レモンの皮を取り出し、粗熱をとる。

4
ボウルに卵黄、全卵を混ぜ合わせ、③を少しずつ加えながら泡立て器でさらによく混ぜる。②の型に入れる。

5
天板に④を入れて湯を張り、150℃のオーブンの下段に入れて湯せんで20分焼く。

6
オーブンから取り出して型から外し、冷蔵庫で冷やす。

Yemas

ジェマス

〝Yema(卵黄)″という名前のとおり、卵黄でつくるお菓子です。
15世紀に南のセビリアにある聖レアンドロ修道院で
つくられたものが起源といわれています。
いまでも同修道院で、昔のレシピのままで、つくられつづけています。
正式な名前は〝聖レアンドロのジェマス″。
最後に糖蜜に通すのが特徴です。
ここではつくりやすいように、粉砂糖をまぶすタイプをご紹介します。

材料(8個分)

卵黄　6個分
レモン(国産)の皮のすりおろし　½個分
グラニュー糖　100g

〈仕上げおよびバット用〉
粉砂糖　適量

つくり方

1
鍋にグラニュー糖、水250ml(分量外)を入れて中火にかけ、70mlくらいになるように混ぜながら煮詰め、粗熱をとる。

2
卵黄、レモンの皮を混ぜ合わせ、①の鍋に加えて混ぜる。

3
鍋を弱火にかけ、ひとつにまとまるくらいまで木べらでよくこねる。薄く粉砂糖をふったバットなどに取り出して冷ます。

4
手に少量の水をつけて小さくまるめ、仕上げに粉砂糖をまぶす。

Trufas de chocolate

トリュフ・チョコレート

16世紀アステカ(現在のメキシコ)から
コルテス将軍がスペインに持ち帰ったカカオは
アラゴン地方サラゴサにあるピエドラ修道院の
修道士たちに託されました。試行錯誤を重ね、
砂糖などを加え、チョコレート(飲み物)が
できあがりました。王侯貴族と修道院だけの間で、
ホットチョコレートとして、他国にも庶民にも
広げることなく愛飲されていました。
それから約1世紀たったのち、
フランスの修道院に伝わり、世界に広がりました。

材料(約20個分)

A｜クーベルチュールチョコレート(スイート)
　｜　200g
　｜コンデンスミルク　70ml
　｜バター(食塩不使用)　80g
　｜グラニュー糖　小さじ1
ブランデー　小さじ1
チョコレートスプレー　適宜

つくり方

1
Aの材料を湯せんにかけ、溶かし混ぜる。

2
湯せんから外し、ブランデーを加え混ぜる。

3
②をバットなどに移し、30分ほど冷蔵庫に入れ、
冷やし固める。

4
取り出して、小さくまるめる。

5
バットなどにチョコレートスプレーを入れ、④を
コロコロころがしまぶす。

Roscas de Asís

ヘーゼルナッツ・チョコレート

バスク地方の小さな村にある
聖ペドロ修道院で出合った、
私の大好きなチョコレートです。
好みのチョコレートでおいしく仕上げてください。
ヘーゼルナッツの代わりに
アーモンドを使ってもおいしいです。

材料(10〜15個分)

クーベルチュールチョコレート(スイート)
　100g
バター(食塩不使用)　30g
ヘーゼルナッツ　100g

つくり方
1
チョコレートとバターを湯せんにかけ、溶かし混ぜる。
2
湯せんから外し、ヘーゼルナッツを混ぜ、チョコレートをからませる。
3
ヘーゼルナッツ3〜4個をスプーンに取り、オーブン用シートなどの上にのせ、冷やし固める。

Tarta de San Marcos

聖マルコスのケーキ

✟

チョコレートと生クリームを挟み、卵黄クリームをのせたかわいらしいケーキは、
スペイン全土で食べられています。
このケーキは、レオンにある旧「サン・マルコス修道院」が生まれ故郷。
12世紀に修道院兼病院として建てられた大変美しい建物で、
いまでは豪華な国営ホテル（パラドール）になっています。

材料（18cm丸型　1個分）

〈スポンジ生地〉
薄力粉　60g
卵（Lサイズ）　2個
グラニュー糖　60g

〈シロップ〉
グラニュー糖　25g
ラム酒　小さじ1

〈クリーム〉
生クリーム　300ml
グラニュー糖　大さじ3

〈チョコレートクリーム〉
生クリーム　100ml
クーベルチュールチョコレート（スイート）　10g
グラニュー糖　大さじ1

〈卵黄クリーム〉
卵黄　6個
グラニュー糖　100g

〈仕上げ〉
アーモンドスライス　30g

生地の表面に卵黄クリームを
ぬり、さらに側面に残りの生
クリームをぬる

つくり方

1
型にオーブン用シートを敷く。オーブンは180℃
に温めはじめる。

2
スポンジをつくる。ボウルに卵とグラニュー糖を
入れ2倍にふくらむくらいまで泡立てる。ふるっ
た薄力粉を入れてさっくりと混ぜる。

3
型に流し、台に3～4回トントンとかるくたたき
つけて空気を抜き、180℃のオーブンで20分焼く。

4
③をすぐに型から出し、粗熱がとれたらラップを
ふんわりかける。完全に冷めたら横3枚に切る。

5
シロップをつくる。鍋に水50ml（分量外）とグラ
ニュー糖を入れ、煮溶かしながら1分ほど煮る。
火からおろし、ラム酒を加える。

6
クリームをつくる。生クリームを泡立てる、途中
グラニュー糖を3回くらいに分けて加え、七分立
てくらいまで泡立てる。

7
チョコレートクリームをつくる。生クリームに刻
んだチョコレートとグラニュー糖を加え火にかけ
る。沸騰寸前に火からおろして混ぜながら冷まし、
泡立てる。

8
卵黄クリームをつくる。鍋にグラニュー糖と水大
さじ5（分量外）を入れ75mlになるまで煮詰める。
火を止めて粗熱をとる。卵黄を混ぜて再び弱火に
かけ、もったりするまで混ぜ、粗熱をとる。

9
④に⑤のシロップをぬり、1段目に⑥の半量をぬ
り、もう1枚スポンジケーキを重ね、⑦をぬる。
さいごの1枚を重ね、表面に⑧をぬる。

10
スポンジケーキの側面に、残りの⑥をぬり、アー
モンドスライスを付ける。

Brazo de gitano
ロールケーキ

✞

スペインでは「ジプシーの腕(Brazo de gitano)」と呼ばれているロールケーキ。
中世に修道士がエジプトからもたらしたもので、
もともとは「エジプト人の腕」と呼ばれていたとか。
表面にクリームを覆ってコテで焼き目をつけることもあります。

材料(30×32cmの天板　1本分)

〈生地〉
薄力粉　50g
卵(Lサイズ)　2個
グラニュー糖　60g

〈クリーム〉
牛乳　大さじ2
板ゼラチン　3枚(約4.5g)
生クリーム　400ml
グラニュー糖　大さじ6

〈仕上げ〉
粉砂糖　適量

つくり方

1
生地をつくる。卵は室温にもどす。薄力粉はふるう。オーブンは180℃に温めておく。

2
ボウルに卵、グラニュー糖を入れ、もったりとするまでハンドミキサー(または泡立て器)で混ぜる。薄力粉を少しずつ加えてさっくりと混ぜる。

3
天板に大きめのオーブン用シートを敷き、②の生地を入れる。180℃のオーブンで10分焼く。シートをそっとはがし、乾いたふきんに移して冷ます。

4
クリームをつくる。板ゼラチンは水でふやかす。牛乳を温め、水けをきったゼラチンを入れて溶かし、粗熱をとる。

5
生クリームにグラニュー糖を加えながら、ハンドミキサー(または泡立て器)で六分立てくらいになるまで、泡立てる。④を加えてさらに混ぜる。

6
③の生地は焼き目を上にして⑤の半分量をぬり、残りの⑤を手前⅓部分にこんもりとのせ、くるりと巻く。ラップにくるみ、冷蔵庫で1時間ほど冷やしてなじませる。

7
仕上げに粉砂糖をふり、切り分けていただく。

修道院の
かわいいお菓子箱

column 3

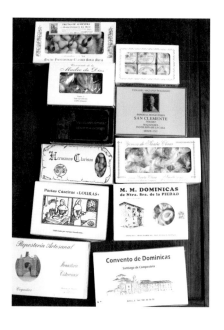

聖母マリアの絵が入った白い箱、修道院の紋章が描かれた箱、何百年もの歴史ある修道院の建物の絵が入った箱……けっしてしっかりとしたものではなく紙でつくられた素朴なものばかりだけれど、どれも素敵です。それもあまり大きすぎず、小さめの箱がとても愛らしくて好きです。

箱を開くときは、子どものようにワクワクします。中に入っているのは薄紙で包まれた小さな黄色いジェマスだったり、月の形をしたマサパンだったり。

箱には修道院の名前だけではなく、修道会の名前が記されていることがあります。カトリック教会はいくつかの会派に分かれているのです。私がある修道院を訪ねたとき、「ここではお菓子はつくっていないのでクララ会に行ってみたら」と修道女にいわれ

たことがありました。修道院の名前よりも会派の名前で呼び合っていたのにとまどったと同時に、会派のなかでもお菓子を得意としているところがあることを知りました。とくに、中世のころからお菓子がおいしいと誉れ高かった「クララ会」のお菓子の箱には、修道院名を明記せず「聖クララのお菓子」「クララ会の修道女」とだけ記していることもあります。ほかにも「ドミニコ会の修道院」や「ベネディクト会の修道院」などもその会派の修道院だということだけ記してあることも。

いまでも空っぽの箱を見ていると、その場で修道女がお菓子を詰めていたことが思い出されて懐かしくなります。これからひとつずつたたんでスクラップしていこうかな、と思っているところです。

Delicias y pequeñas tentaciones de las monjas

第4章　修道女のいつものお菓子

修道院では、中世のころに奉納や寄付、王侯貴族の行事などのために
お菓子づくりをしていました。そのころ、贅沢とされていた砂糖
や卵をたっぷりと使ったお菓子です。けれども、修道女たちの生活
は戒律も厳しく、簡素な食事を規則としているので、修道女たちが
たくさんお菓子を食べていたわけではありません。砂糖が贅沢では
なくなったいまでもその規則は変わりません。たくさんではないけ
れど、ささやかなお菓子を楽しむそうです。ここでは、修道女たち
が自分たちのためにつくる手軽なお菓子、そして信者の人たちへの
贈り物としてよくつくるお菓子などをご紹介します。

✚

りんごのケーキやタルトは、りんごを名産とする北の地方から生まれ、
スペイン全土でなじみの深いものです。
修道院でも得意としているところも多く、
ふだんのデザートとしてもよくつくるお菓子のひとつです。

材料(18cm丸型)

りんご(1個約200g)　5個
薄力粉　大さじ8
ベーキングパウダー　小さじ1
バター(食塩不使用)　60g
卵(Lサイズ)　1個
牛乳　50*ml*
グラニュー糖　大さじ6
アプリコットジャム　適量
バター(型用)　適量

つくり方

1
型にバターをぬる。オーブンは180℃に温める。りんご1個は皮をむき、薄いくし形に切る。残りのりんごは皮をむいて6個のくし形に切り、さらに横4つに切る。

2
薄力粉とベーキングパウダーは一緒にふるっておく。

3
バターは湯せんで溶かす。

4
卵は卵白と卵黄に分ける。

5
牛乳に卵黄とグラニュー糖を加え混ぜ合わす。

6
卵白を八分立てくらいまで泡立て、⑤、バターとともに混ぜ合わせる。

7
⑥に②を加え混ぜる。そこへ①の小さく切ったりんごを加え、全体を大きく混ぜる。型に入れ、表面に①のくし形のりんごを並べる。

8
180℃のオーブンで40～55分、竹串を刺し、生地が付かなくなるまで焼く(りんごは種類や季節によって、水分量が変わるので、焼き時間は様子をみて調整してください)。

9
オーブンから取り出し冷ます。表面にアプリコットジャムをぬる。

Tronco de galletas

ビスケットのケーキ

サラゴサの聖クララ修道院で食べられている
ビスケットを合わせてつくるケーキです。
その起源は不明ですが、この修道院でつくりはじめたのは60年くらい前だとか。
土曜日のデザートとして楽しんでいるそうです。
バタークリームは分離しやすいので、
必ずバターと卵は室温にもどし、バターをしっかりと練るのがポイントです。

材料(1本分)

丸形ビスケット　15枚
牛乳　約100㎖

〈バタークリーム〉
バター(食塩不使用)　120g
卵(Lサイズ)　2個
グラニュー糖　60g
ブランデー　小さじ2

〈仕上げ〉
ココナッツファイン　適量

つくり方

1
バターと卵は室温にもどす。

2
卵は卵白と卵黄に分ける。

3
卵白はツノが立つまで泡立てる。

4
バタークリームをつくる。バターはクリーム状になるまで泡立て器で混ぜ、卵黄をひとつずつ加えて、しっかり混ぜる。グラニュー糖、ブランデー、③を加え、そのつど混ぜ合わせる。

5
ビスケットは崩れないように牛乳にかるくひたし、1枚の片面に④のバタークリーム大さじ1をぬり、その上にビスケットをのせる。これを繰り返して重ねていく(写真)。

6
⑤を横にして全体に残りの④をぬり、ココナッツファインをふる。冷蔵庫に入れ1時間ほどおき、固める。

牛乳にひたしたビスケットの
片面にクリームをぬり、もう
1枚のせる。これを繰り返す

Almendrados

アーモンドクッキー

「クッキー」は、アラブからスペイン南部に
伝わったものが起源といわれています。
修道院でつくるクッキーも、
だんぜんアーモンドを入れたものが多く、
このアーモンドクッキーもそのひとつです。
17世紀に修道院設立の祝いにつくったものが
オリジナルといわれています。

材料（約20個分）

アーモンドパウダー（マルコナ種）　100g
粉砂糖　80g
卵白　2個分
バニラエッセンス　少々
アーモンド（ホール・マルコナ種）　20個

つくり方

1
オーブンは180℃に温める。

2
アーモンドパウダーと粉砂糖をふるっておく。

3
卵白をかるく混ぜ②とバニラエッセンスを加え、
混ぜ合わせる。ラップをして1時間ほど冷蔵庫に
入れて生地をなじませる。

4
手に水をつけ、③の生地を小さくまるめてオーブ
ン用シートを敷いた天板に並べる。まるめた生地
の中央にアーモンドを押し込む。

5
180℃のオーブンで15分焼く。

6
オーブンから取り出し、冷ます。

Cocadas

ココナッツクッキー

ココナッツファインでつくる簡単なお菓子で、
スペインではとてもポピュラーなものです。
多くの修道院でつくられています。
オブレアス(教会でミサなどのときに
口に入れるウエハース)を
底に敷いて焼いている修道院もありました。

材料(12個分)

ココナッツファイン　80g
卵黄　1個分
全卵　½個分
グラニュー糖　40g
レモン(国産)の皮のすりおろし　少々

つくり方

1
オーブンは180℃に温める。

2
すべての材料をよく混ぜる。

3
②を小さくまるめて、オーブン用シートを敷いた
天板に並べる。

4
180℃のオーブンで10分焼く。

5
オーブンから取り出し、冷ます。

Tarta de chocolate

チョコレートケーキ

ちょっとブラウニーに似た
クララ会のチョコレートケーキです。
あまり焼きすぎず、中が少しまだ
やわらかいくらいにすると、
冷めたときにちょうどよい具合でおいしい。

材料(スクエア10cm型　1個分)

クーベルチュールチョコレート(スイート)　80g
卵　1個
卵黄　1個分
バター(食塩不使用)　45g
グラニュー糖　40g
薄力粉　大さじ2
オレンジの皮のすりおろし　1/4個分
塩　少々

つくり方

1
型にクッキングペーパーを敷く。オーブンは170
℃に温めはじめる。薄力粉はふるう。

2
卵1個は卵白と卵黄に分ける。

3
ボウルにチョコレートとバターを入れ、湯せんで
溶かす。そこにグラニュー糖を入れて溶かし、湯
せんから外す。

4
卵黄2個は③にひとつずつ加え混ぜる。オレンジ
の皮のすりおろしと塩を加え混ぜ、粗熱をとる。

5
卵白は八分立てくらいまで泡立てる。

6
⑤を④にかるく混ぜる。薄力粉を3回くらいに分
けて加え、さっくりと混ぜる。

7
型に流し、170℃のオーブンで40分焼く。

Pastel de nueces

くるみのパウンドケーキ

くるみをつぶしてつくる
ドミニコ会のレシピです。
くるみの風味と
ふわっとしたやさしい食感が
クセになるケーキです。

材料(16×6.5×高さ6cmのパウンド型　1個分)

くるみ　70g
卵(Lサイズ)　2個
薄力粉　大さじ1
グラニュー糖　40g

つくり方

1
型にオーブン用シートを敷く。オーブンは180℃
に温める。薄力粉はふるっておく。卵は卵黄と卵
白に分けておく。

2
くるみはすり鉢に入れすりこ木でつぶし(一部、
少しだけ粗めの粒を残すとおいしい)、薄力粉と
混ぜる。

3
卵白はつのが立つまで泡立てる。

4
卵黄とグラニュー糖を混ぜる。グラニュー糖が溶
けたら③をさっくりと混ぜる。

5
④に②を加え混ぜ、型に入れる。

6
180℃のオーブンで約20〜30分焼く。中心に竹
串を刺し、生地が付いてこなければオーブンから
取り出し、冷ます。

Pastas de té

しぼりクッキー

修道院でよくつくられている
昔ながらのしぼりクッキーです。
レモンの風味を、ほんのりつけるのが
スペイン風です。

材料（20個分）

薄力粉　170g
バター（食塩不使用）　120g
卵（Lサイズ）　1個
粉砂糖　70g
レモン（国産）の皮のすりおろし　¼個分
クーベルチュールチョコレート（スイート）　適量
ドレンチェリー　少々

つくり方

1
バターと卵は室温にもどす。薄力粉はふるっておく。オーブンは170℃に温めておく。

2
バターはクリーム状になるまで練る。

3
卵を溶いて、粉砂糖と混ぜ、②に加えさらに混ぜる。

4
③にレモンの皮のすりおろしを加え混ぜる。

5
④にふるった薄力粉を加え混ぜる。

6
星形の金口を付けたしぼり袋に入れ、オーブン用シートの上に好きな形にしぼり出す。いくつかに、ドレンチェリーを小さく切ったものをのせる。天板にのせ170℃で15分焼き、網にとって粗熱をとる。

7
⑥のいくつかに、湯せんで溶かしたチョコレートにくぐらせる（チョコレートが固まるまで冷蔵庫に入れる）。

Flan

プリン

スペイン人は大のプリン好き。
家庭ではもちろん、どこのお店でもホームメイドの
濃厚なおいしいプリンが食べられます。
修道女のプリンは格別においしいと
いわれていますが、残念ながら販売している修道院に
出合ったことがありません。
このレシピは、友人のおばあちゃんが、
修道女から伝授されたものです。

材料(プリン型　4〜5個分)

卵(Lサイズ)　2個
牛乳　200ml
グラニュー糖　大さじ3
レモン(国産)の皮のすりおろし　少々
バター(型用)　少々

〈キャラメルソース〉
グラニュー糖　大さじ3

つくり方
1
型にバターをぬる。オーブンは170℃に温める。
湯を沸かしておく。
2
キャラメルソースをつくる。鍋にグラニュー糖と
水大さじ2(分量外)を入れて火にかけ、キャラメ
ル色になり煙が出てきたら火を止め、水大さじ2
(分量外)を加えて、型に流す。
3
牛乳を沸騰直前まで温める。
4
卵を溶き、グラニュー糖を混ぜる。③を注ぎ、レ
モンの皮を加えて混ぜる。
5
④をこしながら②の型に注ぎ入れ、天板に並べる。
天板に湯をはり、170℃のオーブンで15〜20分、
蒸し焼きにする。
6
粗熱をとり、冷蔵庫で冷やし、型から外す。

Magdalenas

マグダレーナ

マダレナとも呼ばれる、しっとりとしたお菓子です。
1584年、天正遺欧少年使節が
スペインを訪れた際に、アリカンテの宮殿で
マグダレーナを食べたそうです。
それは近くにあったクララ会の修道女が
つくったもので、同行していた王宮の料理人
モンティーニョさえも、そのおいしさに
感動したというとても古い歴史をもつお菓子です。

材料(直径7×高さ3cmマフィン型　6個分)

薄力粉　80g
ベーキングパウダー　3g
卵(Lサイズ)　1個
グラニュー糖　70g
レモン(国産)の皮のすりおろし　½個分
生クリーム　大さじ3
オリーブオイル(エキストラバージン)　25ml

つくり方

1
卵は室温にもどす。マフィン型に紙ケースを敷く。
オーブンは180℃に温めておく。

2
薄力粉はベーキングパウダーと一緒にふるっておく。

3
ボウルに卵を入れ泡立て器で溶く。グラニュー糖
とレモンの皮のすりおろしを加え混ぜる。生クリ
ームとオリーブオイルも加えよく混ぜる。

4
③に②を少しずつ加え、切るように混ぜる(混ぜ
すぎないように気をつける)。

5
紙ケースの7分目くらいまで④を入れ、30分ほ
ど室温で生地をなじませる。

6
グラニュー糖(分量外)少々をふりかけ、180℃の
オーブンで15〜20分焼く。

Mermelada de chocolate

バナナチョコレートのスプレッド

相性がよいバナナとチョコレートを、
混ぜてつくってしまったという
クララ会のスプレッドです。
チョコレートは少しビターなもの、
甘いものなど好みに合わせて
楽しんでください。

材料(つくりやすい分量)

クーベルチュールチョコレート(スイート)
　100g
バナナ　1本
レモン果汁　½個分
グラニュー糖　大さじ1

つくり方

1
チョコレートは包丁で細かく刻む。

2
バナナにレモン果汁をふり、フォークでつぶす。

3
鍋に②とグラニュー糖を入れて火にかけ、混ぜ合わす。こげないように、ときどき混ぜながら弱火で15分ほど煮る。

4
③にチョコレートを少しずつ加え溶かし、5分ほど煮込む。

Manzanas fritas

りんごのフリッター

ガリシア地方の聖クララ修道院の
伝統的なレシピのひとつ。
甘口のシェリー酒を入れることで、
とても風味がよくなるこのフリッター。
わが家では15年来の定番レシピです。

材料（2〜3人分）

りんご　2個
バター（食塩不使用）　25g
A｜卵　1個
　｜薄力粉　100g
　｜牛乳　100㎖

〈つけ汁〉
シェリー酒（甘口）　100㎖
（甘口の白ワインで代用してもよい）
グラニュー糖　大さじ1

揚げ油　適量

〈仕上げ〉
グラニュー糖、シナモンパウダー
　各適量

つくり方

1　りんごは皮をむき、くし形に切る。
2　つけ汁をつくる。シェリー酒にグラニュー糖を加え、溶けるまでよく混ぜる。そこに①を入れ、りんごがくずれないように全体を手で混ぜる。1時間ほど冷蔵庫に入れて味をしみ込ませる。
3　バターは湯せんで溶かす。
4　衣をつくる。ボウルにAの卵を入れて溶き、③とAの残りの材料と混ぜる。
5　②のりんごに④の衣をつけ、170℃に熱した油でじっくりと色よく揚げる。
6　油をきり、シナモンパウダーとグラニュー糖をふる。

Delicias de nueces

くるみのお菓子

バダホスにあるプリシマ・コンセプション
修道院のお菓子です。
修道院のお菓子を専門に扱っているお店で、
友人の薦めで買ってみたら、
とってもおいしいものですから、
日本に戻ってから自分でつくってみました。
なんだか和菓子に似ているこのお菓子、
緑茶にも合いますよ。

材料（10個分）

くるみ　50g
A┌ アーモンドパウダー（マルコナ種）　50g
　│ 粉砂糖　小さじ1
　└ 卵白　大さじ2
グラニュー糖　50g

つくり方
1
くるみは手で粗く砕く。
2
①のくるみとAを手で混ぜ、小さくまるめる（くるみがボコボコと飛び出してもよい）。
3
鍋にグラニュー糖と水100ml（分量外）を入れて火にかけ、沸騰したら中火にして、少しとろりとしたら火からおろし、木べらで白くなるまで混ぜる。粗熱をとる。
4
②を③に手早くくぐらせ、固まるまで30分ほどおく。

修道院紹介

スペインには、女子修道院だけでも、少なくとも1000はあるそうです。そのなかに、昔からお菓子づくりを得意としている修道院がいくつかあります。うれしいことに、現在ではその多くが、一般向けに販売をしています。修道院ごとに自慢のお菓子があり、その理由もさまざまです。ここでは私が実際に訪ね、とくにおいしいと感じた修道院を、紹介します。ほかにも、まだまだおいしいお菓子を買える修道院が各地にあります。

訪ねるときは、事前に電話をして、開いている時間と、その日のお菓子を確認するのがよいでしょう。行事や、お昼休み（シエスタ）や、祈りの時間などがあって、閉まっていることもあります。バルセロナとマドリッドには、各地の修道院のお菓子を集めているお店があるので、旅の途中、立ち寄るのもおすすめです。

お菓子が買える修道院

Monasterio de San Paio de Antealtares

①聖パイオ修道院（サンティアゴ・デ・コポステーラ）

巡礼地としても名高いサンティアゴ・デ・コンポステーラにあるスペインで最も古い修道院のひとつ。中世の姿をそのままとどめている旧市街に位置しています。歴史あるレシピでつくられる、タルタ・デ・サンティアゴはこの修道院でしか食べられない昔のままの味。

Rúa de San Paio de Antealtares 23, 15782 Santiago de Compostela, A Coruña   Tel. 981 58 32 27

Monasterio de San Pelayo

②聖ペラージョ修道院（オビエド）

アストゥリアス地方オビエドの旧市街にあるベネディクト会の修道院。その昔アストゥリアス王によって設立された伝統ある建物だけでも壮観。お菓子の販売はクッキーだけで、しぼりクッキーなどが上品な味わいです。地方名産のヘーゼルナッツとラードでつくったサクッとしたクッキーが美味。現在は売店を併設。

Calle San Vicente 11, 33003 Oviedo
Tel. 985 21 89 81

③インマクラーダ修道院（ビトリア）

バスク地方の州都ビトリアの
旧市街にある修道院。ここは
トルノではなく窓口があり、
修道女がお菓子を紹介してく
れます。お菓子の種類が多く、
どれもおいしい。とくにマグ
ダレーナ、ロスキージャ、チ
ョコレート類がおすすめです。
土曜日には前もって注文する
とケーキもつくってくれます。

Plaza del General Loma 7, 01005 Vitoria-Gasteiz, Álava
Tel. 945 23 36 69

④聖ペドロ修道院（サルバティエラ）

ビトリアから、さらに東に
24kmにある小さな村サルバ
ティエラにあるクララ会の修
道院。数年前に修復工事が終
わり、現在は広くてきれいな
お菓子の売店ができました。
種類がとても豊富で、とくに
おいしいのがチョコレート類
とアーモンド菓子。クリスマ
スの時期につくられる10種類
以上あるトゥロンもおいしい。

Plaza de Santa Clara 1, 01200 Salvatierra, Álava
Tel. 945 30 00 62

⑤聖クレメンテ修道院（トレド）

世界遺産として名高いトレ
ドにある、由緒ある修道院。
1212年からお菓子をつくり
はじめ、マサパンの発祥の地
といわれています。いろいろ
な形のかわいらしいマサパン
はもちろん、マサパンを松の
実で包んだお菓子や、マルケ
ッサなど、ほかのお菓子の種類
も多く、充実しています。こ
こはトルノではなく売店です。

Calle San Clemente, s/n,45002, Toledo
Tel. 925 22 25 47

さまざまな修道院のお菓子が買えるお店

⑥カエルム（バルセロナ）

ゴシック地区にあるいろいろ
な地方の修道院のお菓子がそ
ろっているお店。かわいいカ
フェで、修道院のお菓子も食
べることができます。それも
種類がとっても豊富。遺跡を
うまく改造した地下のカフェ
スペースもゆったりしていて、
雰囲気があります。お店の名
前はラテン語で「天国」の意
味。

Calle de la Palla 8, 08002, Barcelona
Tel. 93 302 69 93　http://www.caelumbarcelona.com/

⑦エル・ハルディン・デ・コンベント（マドリッド）

中心地にあるビジャ広場近く
にある「修道院の庭」という
名前のお店。地方の名高い修
道院のお菓子がそろっていま
す。セビリアの聖パウラ修道
院などのジャム類が多いのも
うれしい。かわいらしい箱の
お菓子は日本へのお土産にも
おすすめです。

Calle del Cordón 1, 28005 Madrid
Tel. 91 541 22 99　http://www.eljardindelconvento.net/

丸山久美

料理家。東京生まれ。スペイン家庭料理教室「Mi Mesa」主宰。アメリカ留学後、ツアーコンダクターとして世界各地をまわる。1986年からスペインのマドリードに14年滞在。現地の料理教室に通いながら、家庭料理を学ぶ。この間に、修道院めぐりを始める。帰国後、スペインの家庭料理をベースにしたレシピを紹介。著書に『家庭でつくれるスペイン料理』(河出書房新社)、『週末はパエリャ名人』(文化出版局)、『バスク修道女 日々の献立』(グラフィック社)など。
http://www.k-maruyama.com/

撮影　清水奈緒
ブックデザイン　葉田いづみ
スタイリング　大谷マキ
料理アシスタント　成瀬佐智子
イラスト　いとう瞳
校正　鳥光信子
編集　八幡眞梨子

修道院のお菓子

発行日　2020年2月20日　初版第1刷発行
　　　　2024年5月30日　　　第3刷発行
著者　　丸山久美
発行者　小池英彦
発行所　株式会社 扶桑社
　　　　〒105-8070
　　　　東京都港区海岸 1-2-20　汐留ビルディング
　　　　電話03-5843-8583 (編集)
　　　　電話03-5843-8143 (メールセンター)
　　　　www.fusosha.co.jp
印刷・製本　大日本印刷株式会社

©KUMI MARUYAMA2020　Printed in Japan
ISBN 978-4-594-08410-3